Los mitos griegos

por Margie Sigman

Scott Foresman
is an imprint of

Glenview, Illinois • Boston, Massachusetts • Chandler, Arizona
Upper Saddle River, New Jersey

Illustrations

12, 14 Lin Wang.

Photographs

Every effort has been made to secure permission and provide appropriate credit for photographic material. The publisher deeply regrets any omission and pledges to correct errors called to its attention in subsequent editions.

Unless otherwise acknowledged, all photographs are the property of Pearson Education, Inc.

Photo locators denoted as follows: Top (T), Center (C), Bottom (B), Left (L), Right (R), Background (Bkgd)

Opener ©Lloyd Sutton/Alamy; **1** Jupiter Images; **3** Jupiter Images; **4** Ferdinand Knab/Getty Images; **5** Corbis; **6** Jupiter Images; **7** Jupiter Images; **8** John Rush/Getty Images; **9** Richard Doyle/The Bridgeman Art Library/Getty Images; **10** Bettman/Corbis; **11** (TL, B) Jupiter Images.

ISBN 13: 978-0-328-53587-3
ISBN 10: 0-328-53587-7

Introducción

Las personas siempre han intentado comprender los eventos de la **naturaleza**, tales como el cambio de las estaciones o el clima peligroso. Actualmente, la ciencia puede decirnos la razón por la cual suceden estas cosas. Hace tiempo, los eventos tales como tormentas o terremotos parecían no tener razón alguna. Así que las personas se inventaban cuentos o mitos para explicarlas.

La antigua Grecia

Muchos de los mitos que leemos ahora fueron contados por primera vez en la antigua Grecia hace miles de años. Estos mitos eran sobre dioses y diosas, animales y humanos. Hablaban de lugares impresionantes sobre montañas elevadas y en el fondo del mar. Había gigantes, monstruos de un ojo y doncellas hermosas.

Algunas historias eran de héroes griegos que enfrentaban terribles tormentas y enemigos malvados. Era importante **honrar** a los héroes valientes. La forma en que estos héroes vivían servía de guía a los griegos.

Al principio

En la antiguedad los griegos creían que, al principio, solo existía Caos, un lugar donde la tierra, el mar y el aire se mezclaban todos en un gran vacío. Finalmente, el cielo y la Tierra surgieron del Caos. Los dioses poderosos, llamados *titanes,* gobernaban este primer mundo. Entonces, Zeus, uno de sus hijos, lideró a sus hermanos y hermanas en una guerra contra los Titanes. Zeus ganó.

Zeus, Ades y Poseidón

Zeus se convirtió en el dios más poderoso de todos. Gobernaba sobre el cielo y los demás dioses y diosas. Su hermano Poseidón gobernaba en los mares. Su otro hermano Hades gobernaba el infierno que era una **morada** oscura y misteriosa. Las criaturas horribles se acuclillaban allí con miedo.

Para los griegos antiguos, Zeus era el dios más poderoso.

Otros dioses y diosas

Los griegos le dieron a sus dioses y diosas poderes mágicos. Por ejemplo, todos los días, el dios Apolo llevaba el sol por el cielo en su carroza dorada. Si el día estaba nublado, se debía a que ¡Apolo había salido de cacería! Atenea, la diosa de la sabiduría y la guerra, podía cambiar de forma para ayudar a los héroes. Los griegos nombraron la ciudad de Atenas para honrar a Atenea. Había otros dioses y diosas para la tierra **fértil**, las montañas, los bosques y los animales.

Los dioses y las personas

Los griegos creían que los dioses y diosas los vigilaban y hacían que les sucedieran cosas tanto buenas como malas. Si había una tormenta, era un dios enojado golpeando su martillo en el cielo. Si una joven se enamoraba, una de las flechas de Cupido había herido su corazón. Si un marinero se perdía en el mar, es que había hecho enojar a Poseidón.

Las leyes griegas

Las personas en la Antigua Grecia amaban su libertad. Pero también comprendían la naturaleza humana. Sabían que las personas libres a veces le quitan la libertad a los demás. Por eso hicieron leyes para poder convivir. Crearon mitos para decir lo que sucedería si las personas desobedecían esas leyes.

Las leyes de Poseidón

En un mito, Poseidón creó leyes para una isla llamada Atlántida. Si las personas obedecían las leyes, podían mantener su libertad. Poseidón colocó las leyes en un **pilar** en el templo, donde todos podían verlas. Les advirtió que una maldición terrible caería sobre ellos si llegaban a violar las leyes.

La ley más importante de Poseidón decía que todos debían vivir en paz. Por muchos años, las personas obedecieron esa ley. Sin guerra, tenían grandes cantidades de alimento.

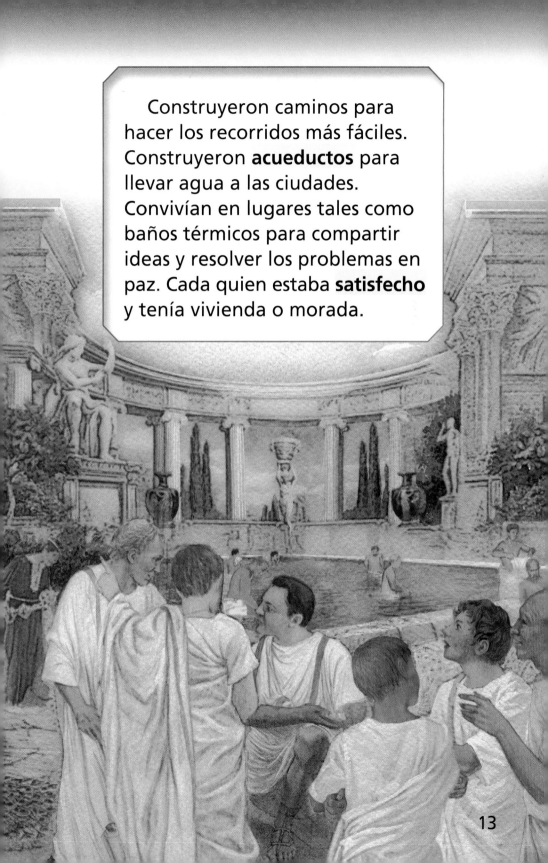

Construyeron caminos para hacer los recorridos más fáciles. Construyeron **acueductos** para llevar agua a las ciudades. Convivían en lugares tales como baños térmicos para compartir ideas y resolver los problemas en paz. Cada quien estaba **satisfecho** y tenía vivienda o morada.

La naturaleza humana prevalece

Con el tiempo, algunas personas ya no estaban de acuerdo con las leyes de Poseidón. Se volvieron codiciosas y robaban a sus vecinos. Otros se volvieron holgazanes. Zeus, el dios más poderoso de todos, rugió con furia ante esto. Muy pronto, las personas de la Atlántida desaparecieron. Estas personas perdieron su libertad para siempre.

2,500 años después

Todavía contamos mitos tales como el de Atlántida. ¿Por qué? Estos cuentos nos recuerdan cómo vivir nuestras vidas. Nos muestran lo que puede suceder cuando las personas desobedecen la ley. Además, ¡los mitos son cuentos emocionantes!

Glosario

acueductos *sust.* Grandes estructuras de piedra que transportan agua por largas distancias.

fértil *adj.* Que produce mucho.

honrar *v.* Gloria; fama; reconocimiento especial.

morada *sust.* Lugar donde se pasa un tiempo.

naturaleza *sust.* Conjunto de elementos que existen sin la intervención del hombre.

pilar *sust.* Columna que se sostiene sola o sostiene algo.

satisfecho *adj.* Contento; feliz con lo que se tiene.

Reacción del lector

1. Según este libro, ¿qué afirmación general puedes hacer sobre las creencias de los griegos antiguos? Copia el diagrama de abajo y úsalo para escribir tus respuestas.

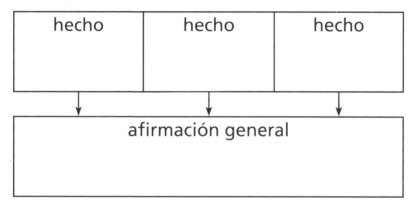

2. Después de leer este libro, ¿qué puedes inferir sobre lo que les pasó a las personas de Atlántida?

3. Halla la palabra *acueductos* en este libro. ¿Qué es un acueducto? ¿Existe algo similar a un acueducto en la actualidad?

4. ¿Qué piensas que las personas de Atlántida pudieron haber hecho diferente?

Estudios sociales

Género	Comprensión: Destrezas y estrategia	Características del texto
Texto expositivo	• Generalizar • Propósito del autor • Inferir	• Encabezados • Glosario

Pearson Scott Foresman Calle de la Lectura 3.6.5

Scott Foresman is an imprint of

ISBN-13: 978-0-328-53587-3
ISBN-10: 0-328-53587-7

9 780328 535873

90000 >

Hildegard at the Hive:
Encountering Light Through the Honey Bee

Shanon Sterringer, Ph.D., D.Min

Hildegard at the Hive

Shanon Sterringer, Ph.D., D.Min

ISBN: 1539168468
ISBN-13: 9781539168461

DEDICATION

This book is dedicated to my girls
Trisha, Angel, Maria, and my several thousand honeybees.